Das Netz der Hoffnung

Lindolfo Weingärtner

Das Netz der Hoffnung

Geistliche Gedichte
und Betrachtungen aus Brasilien
nachzudenken und mitzubeten

Verlag der Ev.-Luth. Mission Erlangen

ERLANGER TASCHENBÜCHER · Band 55
Verlagsgemeinschaft Weltmission: Freimund-Verlag Neuendettelsau
Evangelischer Missionsverlag Korntal, Verlag der Ev.-Luth. Mission
Erlangen

CIP-Kurztitelaufnahme der Deutschen Bibliothek

Weingärtner Lindolfo:
Das Netz der Hoffnung: geistliche Gedichte und Betrachtungen aus Brasilien, nachzudenken und mitzubeten / Lindolfo Weingärtner. – Erlangen: Verlag der Ev.-Luth. Mission, 1980.
(Erlanger Taschenbücher; Bd. 55)
ISBN 3-87214-123-6

Umschlag: Helmut Herzog · Foto: Martin Lagois
Die Aufnahme zeigt das Innere der ev.-luth. Kirche in Brasilia

Gesamtherstellung: Freimund-Druckerei Neuendettelsau

INHALT

Gleichnisse

...doch seine Antenne
reicht nicht bis zum Nebenzimmer.

EINÜBEN IN DIE HOFFNUNG

Ein Boot in der Lagune.
Ein alter Fischer –
er steht am Bug,
das Wurfnetz in den Händen.
Seit einer halben Stunde
sehe ich ihm zu.
Er versteht sein Handwerk.

In vollendetem Kreis
fällt das Netz in das Wasser.
Er läßt es sinken.
Wartet, bis der bleibeschwerte Rand
den Boden berührt.
Dann zieht er es hoch,
behutsam,
mit hoffenden Händen
spürend,
ob Leben im Netz ist
oder ob der Wurf wieder einmal umsonst war.

Das Netz ist leer.
Er schüttelt es aus,
entfernt den Unrat,
bereitet sich zum nächsten Wurf.

Ich habe die Würfe gezählt:
Dreiundzwanzigmal
ist das Netz
auf das Wasser geklatscht.
Jedesmal zog er es leer heraus.

Der alte Fischer weiß:
Es gibt Tage,
da muß man das Netz werfen
wider besseres Wissen:

zwanzigmal,
fünfzigmal,
hundertmal –
weil es nötig ist,
das Netz zu werfen –
als Einübung
in die Praxis der Hoffnung –
weil
nicht werfen
aufgeben hieße –
und aufgeben
hieße aufhören zu leben.

Ich danke dir,
alter Fischer.
Deine Arbeit war nicht umsonst.
Praxis der Hoffnung:
Gerade das mußte mir heute
ein Mensch sagen.

Du hast es mir gesagt.
Ich habe es verstanden.

DER TRAURIGE BAUM

Ich sehe ihn täglich vor mir
von meiner Studierstube aus.
Es ist ein hoher Eukalyptusbaum
drüben über der Straße, am Hang.
Er ist nicht wie andere Bäume seiner Art.
Er läßt seine Zweige herabhängen
wie eine Trauerweide.
Ein verstörter Baum,
ein trauriger Baum.
Ich habe mich oft gefragt:
Was hat diesen Baum so verändert?
Bis ich eines Morgens die Lösung fand:
Ich sah, wie ein Schwarm Geier
mit ausgebreiteten Flügeln
auf seinen Zweigen saß.
Sie trockneten ihr Gefieder in der Sonne.
Sie hatten in dem Geäst geschlafen.
Nacht für Nacht
hatten sie den Eukalyptus
als Schlafstätte benutzt.
Der Baum war von den Geiern gezeichnet.
Mehr und mehr
ragten die Nächte
in seine Tage hinein.
Eines Tages
würden die Geier
mit ihm fertig werden.

Der Baum kann sich nicht wehren
gegen die schwarzen Vögel der Nacht.
Doch du, Mensch Gottes,
du kannst es.

EIN AMATEUR?

Sein Hobby heißt Amateurfunk.
Täglich sitzt er wie gebannt
an seinem Apparat,
manchmal bis Mitternacht.
Er vergißt, was um ihn passiert:
Sein Horizont ist weit gespannt;
er schaltet sich ein in Gespräche,
die durch den Äther schwirren.
Hier Z Y K sechsundfünfzig!
Ich verstehe ausgezeichnet!
Bitte kommen!
Ah,é você, Jorge!
Hallo, Fred – I am Carlos.
No, don't you remember?
I am sure, you do!
Täglich macht er neue Entdeckungen
in drei oder vier Sprachen.
Vorige Woche sprach er
mit einem Kollegen aus Taiwan,
gestern abend mit dem Kapitän einer Yacht
mitten auf dem Atlantik.
Seine Antenne reicht
rund um den Erdball.
Er ist ein wirklicher Amateur,
ein Liebhaber,
mit Leib und Seele bei der Sache.

Und im Nebenzimmer sitzt seine Frau:
Sie liest einen Roman,
doch ihre Gedanken schweifen ab.
Sie ist im Innersten verstört.
Gestern war sie beim Arzt.
Sie hatte die Ungewißheit
nicht länger ertragen.
Der Knoten in ihrer rechten Brust –

sie spürt ihn seit Monaten.
Der Arzt sprach von der Notwendigkeit
eines chirurgischen Eingriffs.
Er sagte, es sei dringend –
jeder Tag könne entscheidend sein.
Und nun sitzt sie da, wie betäubt,
und wagt nicht,
ihrem Mann von ihrer Angst zu sprechen.
Es schnürt ihr die Kehle zu.
Sie liest ihren Roman
und weiß nicht, was auf der Seite stand,
die sie gerade gelesen hat.
Und ihr Mann, der Amateurfunker,
spricht gerade mit einem Farmer
bei San Antonio in Texas:
Exciting – faszinierend –
über 8000 Kilometer hinweg!
Oh – the deerhunting season has begun?
Wonderful!

Und seine Antenne reicht nicht
fünf Meter weit,
nicht bis ins Nebenzimmer.
Er weiß nun,
daß im Texas die Hirschjagd begann.
Doch der hellhörige Amateur
hört nicht den Notruf
aus dem Herzen seiner Frau:
Kommen, bitte kommen...

DIE BRÜCKE

Beiden Ufern Last,
trennendem Strom Widerspruch,
reißendem Wirbel Trotz –
standhaltend den Gewalten,
Spannung ertragend,
die dich selber trägt,
die dich zum Tragen befähigt:
So trägst du, Brücke,
den, der da geht
und den, der da kommt –
trägst selbst noch die,
die sich auf dir zornvoll begegnen.
Hervorgebracht
hat dich nicht die Natur;
nicht gewachsen bist du
wie Baum und Strauch,
nicht geworden wie Berg und Strom.
Du wurdest erdacht
mit dem Herzen,
himmlischem Urbild nachgebaut.
Als Zeichen
ragst du heraus
aus der Natur,
Abbild des Bundeszeichens,
das Gott in die Wolken gesetzt,
des Zeichens der Hoffnung,
das über Abgründen steht:
keinem Ufer zur Last mehr,
hindeutend auf die Welt,
in der alle Ufer,
alle Trennung
und aller Widerspruch
überwunden sein werden
ewiglich überwunden
durch Seiner Liebe Gewalt.

LICHT UNTER DEM SCHEFFEL

Jesus sagt, wir sollen unser Licht nicht unter den Scheffel stellen. Das Licht gehöre auf den Leuchter, damit es seinen Zweck, die Umgebung zu erhellen, erfüllen könne.

Es ist ein erschreckender Gedanke: Müssen den Nichtchristen unsere Kirchen nicht wie große Scheffel, wie überdimensionierte Kästen vorkommen? Die Kästen sind alt und ehrwürdig, mit Kreuzen und heiligen Bildern geschmückt – doch ihre Wände sind für die, die draußen sind, nicht transparent.

Es soll ein Licht unter dem Scheffel verborgen sein? Vielleicht – für die Eingeweihten, doch wohl nicht für die, die nicht dazugehören! Und wer weiß, was der Scheffel wirklich birgt oder verbirgt? Vielleicht ist es nur noch ein glimmender Docht, der die Luft verräuchert, so daß man Atemnot bekommt?

Sollten wir nicht Jesu Weisung folgen und sein Licht getrost vor der Welt exponieren? Vor »Juden und Judengenossen, Kretern und Arabern«? Vor Kapitalisten, Kommunisten, Atheisten, Nihilisten, Terroristen – vor Nichtchristen und Namenschristen? Pro fano – vor dem Tempel, in der profanen Welt, da wo Jesus gekreuzigt wurde?

Ist das Licht nicht dazu da?

GOTTES PROGRAMM

Kennst du eigentlich das Programm,
schwarz-weiß und in Farben,
eine Sendung ohne gleichen,
dreidimensional,
lebendig, erregend,
fordernd, gefährlich?

Es ist keine Schau:
Die Handlung ist offen,
nicht gestellt, nicht festgelegt,
voller Wunder, voller Geheimnisse,
voller verborgener Abgründe!

Du bist an allem beteiligt:
Es gibt keine Zuschauer,
alle sind Akteure,
keiner Statist.
Jeder greift ein in das Geschehen,
jeder ist wichtig!

Es ist Gottes Programm:
das Leben!
Es ist Gottes Sendung:
die Schöpfung!
Es ist Gottes Geschichte
mit seiner Welt!

Weshalb erleben so viele heute
Schöpfung aus zweiter Hand?
Erleben Geschichte als Schau?
Wie gelähmt starren wir
auf die Mattscheibe –
Zuschauer eines gestellten Programms,
gebannt von sich jagenden Bildern?

Sind wir schon so programmiert,
zu Konsumenten verkümmert,
daß wir nicht mehr erkennen,
wie unser Leben flach wird,
plattgewalzt, nivelliert,
standardisiert von genormten Schablonen?
Ist es nicht Zeit,
daß wir neu beginnen,
in Gottes Programm zu spielen?
daß wir beginnen,
wirklich zu leben,
seine Sendung zu leben?

DER WEG DES JÜNGERS

Der Mensch, der Jesus nachfolgt, ist nicht wie ein Eisenbahnwaggon, der zwischen anderen Waggons auf festgelegten Schienen dahinfährt. Nachfolge ist etwas ganz anderes.

Gerade da, wo wir in unseren alten Geleisen festgelegt waren, nimmt uns Gott heraus aus unserer Routine, unserem alten Trott, und stellt uns auf weiten, freien Raum.

Gerade dem Menschen, der sich immer schieben ließ, der eigentlich nie einen eigenen, freien Schritt getan, sagt Gott: Stehe auf und wandle!

Das heißt: Gehe nun meinen Weg in Freiheit. Es ist dein Weg.

Denke, bete, wirke – zum ersten Mal als freier Mensch.

Folge der Kompaßnadel deines Gewissens, das nun durch mein Evangelium auf dein wahres Ziel ausgerichtet wurde.

Schiele nicht mehr auf Menschen.

Laß dich nicht schieben auf den Schienensträngen des Zeitgeistes.

Handle nun in eigener Verantwortung – aus Überzeugung, nicht aus Berechnung.

Lebe in der Freiheit Jesu – auch dir selbst gegenüber.

Sei nicht dein eigener Treiber, dein eigener Sklavenhalter.

Lebe als Mensch, der erlöst wurde – auch aus der Tyrannei seiner eingefahrenen Gewohnheiten und Zwänge.

Geh deines Weges gelöst, geh leichten Schritts!

Zieh deine Straße fröhlich!

IN DEN HÄNDEN DES MEISTERS

Seit mehr als dreißig Jahren
hängt sie an unserer Stubenwand:
unsere Gitarre.
Sie soll eines fähigen Meisters Werk sein,
so sagt man.
Wir haben sie geerbt,
haben ihr einen sichtbaren
und ehrenvollen Platz gegeben.
Sie mache sich gut an der Stubenwand,
so sagt man.
Manchmal nimmt sie einer von uns
in die Hand,
versucht ein paar Läufe,
klimpert ein paar Akkorde,
hängt sie dann wieder
an ihren Platz.

Und dann kommt eines Tages
ein Freund zu Besuch.
Er ist Künstler,
er spielt die alten Meister,
er komponiert.
Sein Instrument ist die Gitarre.
Unsre Gitarre?
Ist sie auch sein Instrument?

Er nimmt sie von ihrem Platz,
stimmt ihre Saiten,
horcht in sie hinein,
stimmt noch einmal nach –
und dann geschieht das Wunder:
Unsre Gitarre singt,
sie jubelt und klagt,
sie verströmt sich
in perlenden, silberhellen Läufen,

in bewegten, getragenen Akkorden:
Bach, Villa Lobos, Schubert,
erregende Improvisationen:
Ist das wirklich
unsre Gitarre,
auf der wir gelegentlich geklimpert?
Was ist mit ihr geschehen?
Was hat diese Wandlung bewirkt?

Sie ist einem Meister
in die Hände gefallen.
Er hat auf ihr gespielt –
dem inneren Gesetz gemäß,
nach dem sie erdacht und gebaut.

Ist sie nicht dein Bild und Gleichnis,
die ererbte Gitarre?
Wieviele haben schon versucht,
auf dir zu spielen,
auf deinen Saiten zu klimpern?
Hast du je den Meister gefunden,
dem dein inneres Gesetz bekannt,
der dich gestimmt,
auf dir die Weise zu spielen,
für die du geschaffen?

Bruderschaft

...am fernen Herzen liegt es,
daß es uns so schwer wird,
Nächste zu sein.

WAS JÜNGER BRAUCHEN

Die Jünger Jesu brauchen helle Augen,
die Welt zu sehen, so wie Gott sie sieht –
als seine neue Schöpfung zu begreifen,
was im Verborgnen durch sein Wort geschieht.

Die Jünger Jesu brauchen weite Herzen,
die Welt zu lieben, so wie Gott sie liebt –
wie er sie annimmt, Menschen anzunehmen
und zu vergeben, wie er selbst vergibt.

Die Jünger Jesu brauchen ihren Meister:
Er macht die Augen licht, die Herzen weit;
er schenkt die Demut und den Mut zum Dienen,
er wirket Frucht für Gottes Ewigkeit.

DIE FERNEN UND DER NÄCHSTE

Der Ferne
ist leichter zu lieben
als der Nächste.
Er widerspricht dir nicht,
er legt sich nicht quer,
er durchkreuzt deine Pläne nicht.
Allabendlich flimmert heute
ja auch der Fernste
über deine Mattscheibe.
Du siehst fern –
farbig sogar,
statt, wie früher,
nur in schwarz-weiß.
Du kannst ihn abschalten, den Fernen,
wenn du ihn satt bist.
Du brauchst nicht einmal aufzustehen:
Der Fernschalter besorgt es.
Die Not des Fernen –
sie rückt dir nicht auf den Leib:
Du machst dich vielleicht für ihn stark,
protestierst in seinem Namen –
oder du spendest sogar einen Betrag
auf ein Sonderkonto.
Doch du bist nicht mit ihm schwach,
sehnst dich nicht mit seinen Augen,
blutest nicht aus seinen Wunden.

An jedem gegebenen Ort
und zu jeder gegebenen Stunde
kann nur einer dein Nächster sein.
Wer sollte dir nah sein wie er?
Gott hat es so geordnet:
Heute hat er dir
einen Menschen zum Nächsten bestimmt.
Du sollst auf Jesus schauen:

Er ward dem Blinden zum Nächsten,
ihm allein zugewandt,
ihn hinausführend aus seinem Ort,
ihn berührend, behutsam ihn fragend –
so wie er den Aussätzigen berührte,
den Unberührbaren,
den Besessenen,
den Fernsten der Fernen.
Heute sollst du solche Zeichen tun
an einem Menschen,
sollst dich ihm offenbaren
als Gottes Mensch
und als des Menschen Mensch.
Gott hat es so geordnet,
daß du am Nächsten lerntest,
auch die Fernen zu lieben,
daß auch sie dir Nächste werden,
nach dem Maß deiner Kraft
und nach dem Maß deines Herzens –
gleichwie sie ihm Nächste sind,
gleichwie er sie geliebt
nach dem Maß seines Vaterherzens
und nach seiner Allmacht Maß.

DER NACHBAR

Nachbar – Nahbur –
das war einmal der nahe Bauer.
Er war wirklich nahbar:
Man konnte zu ihm gehn
und ein Brot leihen.
Und er kam mitten in der Nacht
und sagte: Mein Kind ist krank.

Heute wollen wir nicht mehr
so bäurisch sein.
Nachbarn? Wieso?
Nur weil man Wand an Wand wohnt?
Man muß sich abschirmen
vor den Allzunahen!
Mein Heim ist meine Festung,
meine private Sphäre!

Oft trennt uns nur
eine dünne Wand
oder eine Betondecke.
Doch zum Nachbarn hin
öffnet sich keine Tür.
Im Gefängnis
geben sie sich wenigstens Klopfzeichen.
Die Klopfzeichen an unseren Wänden
bedeuten nur eins:
Stör mich nicht, laß mich in Frieden!
Man trifft sich im Flur
oder im Fahrstuhl –
man grüßt sich korrekt –
doch – Brot leihen?
Peinlich! Unschicklich!

Auch für Christen
ist es heute schwer,
Nachbarn zu sein.
Ihre Klopfzeichen
werden meist nicht verstanden,
ihre Versuche, Türen zu öffnen,
sind ungeschickt.

Doch je und dann
geschieht das Wunder,
daß auch in der Hochhausetage
sich eine Türe öffnet
und daß aus Fremden
Nachbarn –
und mehr als das –
Nächste werden.
Und immer beginnt solch Wunder
in Gottes Herzen,
das zu Menschenherzen
Türen geöffnet,
so daß sie sich auftun
und nahbar werden.
Denn am fernen Herzen liegt es,
daß es uns so schwer wird,
wahre Nachbarn und Nächste zu sein!

GELEBTE NOT

Elf Jahre ist Claudio alt.
Er liegt im Krankenhausbett
mit verbundenen Augen.
Er hat mit Schießpulver gespielt,
Versuche gemacht, wie er sagt.
Die Stichflamme
hat ihm beide Augen zerstört.
Der Arzt sagt, es sei nichts mehr zu machen.
Die Eltern treffen mich im Gang:
»Komm, sag du es ihm;
wir können es nicht.
Du bist doch Seelsorger.
Du hast doch gelernt, wie man da vorgeht!«

Ich gehe ins Zimmer,
setze mich zu dem Jungen,
sitze eine Stunde bei ihm –
und dann sage ich es ihm.
Und während ich es sage,
spüre ich,
daß ich es nicht gelernt habe,
daß man es nicht lernen kann.
Ich spüre, daß alles leichter würde,
wenn ich jetzt selber blind wäre,
wenn ich sagen könnte:
Ich habe es selbst durchgestanden
und bin damit fertig geworden.

Ich verstehe nun auf einmal,
weshalb Jesus uns so nahe ist.
Er hat unsre Not gelebt.

Claudio ist erst elf Jahre alt.
Aber das
kann er verstehen.

DER SCHÖPFUNG GESETZ

Trösten kann nur,
wer Trost empfing,
lieben
nur der Geliebte;
nur der, dem Vergebung ward,
kann selber vergeben.
Nur, wer geborgen,
kann bergen;
Gnade üben,
wer Gnade erfuhr,
helfen der,
dem geholfen,
segnen der,
der gesegnet ward,
geben,
der selbst empfangen.
Nur der Versöhnte
vermag zu versöhnen,
nur der Beschenkte
zu schenken.
Nur wer selber
vom Wasser des Lebens trank,
kann andere tränken.

BITTE UM DIE GABE DER TRÄNEN

Du hast um Lazarus geweint, Herr.
Das verstehe ich.
Er war dein Freund,
er war gut zu dir gewesen,
es war dir leid um ihn.
Doch daß du Leid trägst
um Jerusalem,
daß du weinst
über die abgöttische Stadt –
das verstehe ich nicht.
Sind sie deine Tränen wert,
diese machtgierigen Priester,
diese schlauen Krämer,
dieses lüsterne Volk?

Du kennst doch die Schrift:
Selbst Abraham ließ nach,
für Sodom zu bitten,
als er inneward,
daß nicht zehn Gerechte
darin lebten!
So rette doch, wenn du willst,
die Handvoll Gerechte
in der unheiligen Stadt!
Heiße sie fliehen
aus diesem Sodom
und überlaß die Gottlosen
ihrem verdienten Geschick!
Laß die Sündenstadt brennen!

Oder willst du der einzige Gerechte sein
in ihren Mauern?
Willst du wirklich hineingehen
in dieses Sodom?
Willst du, daß das Feuer
dich, den Gerechten, verzehre
statt der Bösen,
die längst dem Gericht verfallen?

Herr – du gehst wirklich weiter –
du betrittst diese Straßen?
Machst du dich nicht mitschuldig, Herr?
Werden sie dich nicht verwickeln
in ihre Affären und Intrigen?
Und du willst, daß wir mit dir gehen,
daß wir Leid tragen um Jerusalem
gleich dir?
Du willst es wirklich, Herr?

So schenke uns
die Gabe der Tränen!
Schenk uns zur Bruderliebe
die Liebe zu denen,
die noch nicht Brüder sind,
die du mit sehenden Augen
jetzt schon als Brüder erkennst!
Nur dann können wir dir folgen
auf dem Weg in die Stadt!
Ja, Herr,
gib du uns, deinen Jüngern,
die Gabe der Tränen!

URSPRUNG DER FREUDE

Wenn du, Herr, zu uns sprichst,
schweigt unser Sorgen:
Wir hören auf dein Wort
und sind geborgen.

Wir starren nicht auf Sturm
und Meereswogen:
Auf dunklen Wolken steht
dein Bundesbogen.

Wir schaun nicht auf uns selbst,
auf eigne Werke:
Die Freude, Herr, an dir
ist unsre Stärke.

So laß uns auf dem Weg
nicht müßig weilen:
Laß deine Freude uns
mit vielen teilen!

DIE HÜTTEN DES VERKLÄRTEN

Die Jünger gedachten, Hütten zu bauen,
ständig die Lichtgestalt Jesu zu schauen,
unter vollendeten Sel'gen zu schweben,
ganz auf dem Berg der Verklärung zu leben.

Doch als die lichten Gestalten entschwanden,
sahn sie nur Jesus, in schlichten Gewanden,
folgten ihm nach, sich des Volks zu erbarmen,
stiegen hinab zu den Hütten der Armen.

GLEICHUNG OHNE LÖSUNG?

Gott ist Liebe.
So steht es in der Bibel.
Gott ist Liebe.
Das ist eine Gleichung.
Eine Gleichung mit einer Unbekannten.
Die Unbekannte heißt »Gott«.
Doch die Lösung ist augenfällig:
Liebe ist ja eine bekannte Größe.
Also ist auch Gott keine Unbekannte mehr.
Wir können überall im Leben,
wo »Gott« im Gespräch ist,
»Liebe« einsetzen –
dann wird es richtig,
dann ist das Problem gelöst.

Doch nun erschrecken wir:
Ist Liebe denn eine bekannte Größe?
Wie, wenn sie eine Unbekannte wäre?
Dann hieße die Gleichung ja
$x = y$!
Wir ständen vor einer leeren Formel,
einem Leersatz.
Die Gleichung wäre unlösbar!
Der unbekannte Gott –
wenn es ihn überhaupt gibt!

Wenn Gott nicht Mensch geworden wäre
in Jesus Christus,
bliebe die Gleichung
für uns auf ewig ungelöst.
Gott hat sie gelöst.
Er ist kein Unbekannter mehr.
Er ist eingegangen in unser Leben.
Die Liebe hat nun einen Namen.

ALLMACHT DER LIEBE

Unteilbar ist die Liebe –
unteilbar und unbegrenzt.
Du kannst nicht sagen:
diesen Stellenwert sollst du haben
in der Bruchrechnung meines Lebens;
du kannst sie nicht sparen,
anlegen, sperren,
kannst sie nicht abrufen
wie einen Kontobetrag;
du kannst der Liebe nicht befehlen:
da sollst du herrschen
und da nicht.
Du kannst nur in ihr leben,
ganz in ihr leben,
oder du wirst dich ihr verweigern,
ihr widerstrebend dein Leben vergeuden,
gegen die Schöpfung schaffend,
gottlos bedacht,
einen Raum auszusparen,
in dem sie nicht herrscht.
Du kannst dich weigern zu atmen
bis an die Grenze des Erstickens:
Doch selbst den Widerstrebenden
umfängt wie die Luft
göttlicher Liebe
Allmacht und Ewigkeit.

Durchbruch

…die Sanften sind Boten der Hoffnung
und Zeugen der neuen Erde.

KYRIE ELEISON

Eine offene Mülltonne.

Zwischen Kunststofftüten,
leeren Konservendosen,
zwischen Orangenschalen,
zerknülltem Papier
und Kehrdreck:
Drei alte Brötchen,
eine halbe Bockwurst,
Nudeln, Kartoffelreste,
ein belegtes Brot,
kaum angebissen –
in der Käsescheibe
der Abdruck von Kinderzähnen –

und es leben (leben sie noch?)
zweihundert Millionen –
im Sahel, in Haiti,
in Bangladesh, in Kambodscha,
in den Slums von Mexico City,
von Recife, Lima, Kalkutta –

zweihundert Millionen Menschen:
Flüchtlinge, Kranke, Verfemte –
zweihundert Millionen
in Elendshütten und Lagern –
Männer mit hängenden Schultern –
verhärmte Frauen,
Kinder mit großen, verwunderten Augen:

Sie haben chronischen Hunger,
sie werden heute
nur eine Mahlzeit haben –
sie leben,
doch leben sie wirklich?

Werden sie überleben
bis morgen,
bis zur nächsten Ernte?

Und diese Mülltonne –
sicher nicht die vornehmste
unter ihresgleichen –
sie hat heute besser gespeist
als sie alle.
Herr, erbarme dich!
Mensch, erbarme dich!

GOTTES URTEIL

»Ich habe es geschafft.
Ich bin – nun ja – ich bin reich.
Ich habe Aktien, Immobilien, Geld.
Mein Vermögen wächst.
Über's Jahr werde ich
zwölf Prozent mehr haben als jetzt.
Ich könnte mich lebenslang
hundertmal am Tag sattessen.
Ich könnte
in hundert Betten schlafen,
in hundert Häusern wohnen,
ich könnte Hunderte von Jahren
aus dem Vollen leben...«

Gott spricht: Du bist nicht reich.
Du bist ein Tor.

»Wir sind mächtig wie kein Volk vor uns.
Wir sind Schwergewichtler der Macht.
Unsere Feinde sind dazu fähig,
uns zehnmal zu vernichten.
Wir können sie zwanzigmal ausrotten.
Und wir rüsten weiter auf:
Bald werden wir sie dreißigmal auslöschen können.
Und wenn es not tut, siebzigmal
oder sieben mal siebzigmal.«

Gott spricht: Ihr seid nicht mächtig.
Mene mene tekel:
Ich habe euch gewogen, gezählt und
zu leicht
befunden.

ZEIT DER REKORDE

Wir bauten den höchsten Turm,
wir gruben den tiefsten Schacht;
wir rafften das meiste Geld,
errangen die größte Macht.

Wir lebten auf höchstem Stand;
wir schufen die größte Füll;
erzeugten den lautesten Lärm
und häuften den meisten Müll.

Wir träumten den kühnsten Traum,
erreichten das fernste Ziel;
wir fronten dem größten Wahn
und taten, was uns gefiel.

Wir führten den größten Krieg,
wir wirkten das meiste Leid:
Erbarme dich unser, Herr,
erbarme dich dieser Zeit!

KNOW HOW UND MAGIE

Der alte Zauber

Alles ist möglich
dem, der den Zauber kennt,
der im Geheimen
die richtigen Namen nennt:
Hat er die Formel
erst an sich gebracht,
winken ihm Einfluß,
Ehre und Macht.

Der neue Zauber

Alles ist möglich
dem, der die Technik fand,
die richtige Formel
methodisch angewandt:
Alles ist machbar,
was machbar, ist recht;
gut ist, was Macht schafft –
Ohnmacht ist schlecht.

Frage

Steht nicht der Mensch noch
unter dem Zauberbann?
Muß er nicht schaffen,
was er im Zwang ersann?
Kennt er die Formel
der neuen Magie,
baut er die Bombe –
weiß er doch, wie!

DES MENSCHEN FREIHEIT

Es ist so leicht,
Gottes Haus zu verlassen.
Kein Wächter steht an der Tür,
deinen Schritten zu wehren.
Du kannst anonym entweichen,
ohne Abschied,
durch die Hintertür gleichsam,
wie ein Dieb, der Diebsgut davonträgt.
Du kannst aufstehen vom Mahl,
mit stolzer, trotziger Stirn,
kannst mit zürnenden Worten davongehn,
der Vateraugen nicht achtend,
die auf dir ruhn:

Bist du nicht frei,
zu tun, was du willst,
mit dem Deinigen?
Bist du nicht mündig,
Herr deines Erbes,
Herr deines eigenen Lebens?

Ja – du bist frei,
dir selbst ein Gott zu werden.
Und du ziehst aus,
es auch anderen zu sein.
Du bist im Aufbruch,
dir die Erde zu unterwerfen
als dein Eigentum –
und du weißt nicht,
daß du preisgegeben sein wirst,
dein eigener Schöpfer zu sein,
preisgegeben
dem Machwerk deiner eignen Hände!

Du weißt nicht,
daß andere Götter gleich dir
die Erde durchziehen,
bedacht, sie zu verwandeln
nach ihrem Sinn!
Wehe dir, dem Gott unter Göttern!
Warum kehrst du nicht zurück
dahin, wo du nicht ein Gott sein mußt,
dahin, wo du Mensch sein kannst,
dahin, wo du sein kannst, was du bist?
Es ist ein Ort,
an dem Gott und Mensch
eins sind,
wahrer Gott und wahrer Mensch:
In Christus Jesus
ist der Ort der Versöhnung.

NEUE GEBORGENHEIT

Ob unheimlich sei die Welt,
ob sie dem Menschen zutiefst
feindlich und fremd
oder ob sie ihm
letztlich und wesentlich
heimlich sei:
Die Frage hat mich bedrängt,
seit ich mir des Lebens bewußt.

Ich sah, daß gerade die,
die der Erde treu sein wollten,
die sich auf ihr einrichteten,
ihre Süßigkeit in sich trinkend
aus allen Blütenkelchen,
daß gerade die großen Sehnsüchtigen,
die dürstend Trunkenen,
die der Erde Lob verkündeten,
unweigerlich hingedrängt wurden,
in den Abgrund zu starren,
voll Verlangen gleichsam,
die Welt versinken zu sehen
in Feuerwirbel und Chaos,
die wissenden Augen gerichtet
auf den letztlich unheimlichen Urgrund,
der den Menschen unbehaust läßt
und ungeborgen,
zufälligem Wirbel preisgegeben,
ausgesetzt seelenlosen Gewalten.

Erst als ich dem begegnet,
der mir die selbstherrliche Welt
durch seine Heilstat entzaubert,
dem Gottes- und Menschensohn,
der die Welt überwand,
der sie liebte, ohne ihr zu verfallen,

der an ihr starb, ohne ihr zu fluchen,
schwand mir beides:
die Lust, mein Nest zu bauen
auf brüchigem, morschem Geäst,
und die Faszination des Abgrunds,
das Starren auf Leere und Tod.
Bei ihm,
dem Getöteten und Erstandenen,
ward mir neue Geborgenheit,
die nicht ihren Grund hat
in den Dingen.
Auf sein Wort begründet,
ward mir die Kraft,
Träumen zu entsagen
und angesichts allen Glanzes,
angesichts aller Abgründe
auf Ihn zu schauen allein.

VERHEISSUNG

Sie sollen das Erdreich besitzen –
du, Herr, hast es ihnen verheißen:
Die Sanftmütigen priesest du selig,
nicht die, die sich fressen und beißen.

Es läuft der Natur zuwider:
Die Welt deutet Sanftmut als Schwäche,
und Kains Geschlecht sieht nur eines:
wie es sich behaupte und räche.

Doch Kains Geschlecht wird versinken,
wenn das Maß seiner Bosheit vollendet,
wenn du das Los deines Volkes
und der Menschen Elend gewendet.

So preisen wir selig die Sanften,
den Hirten und seine Herde:
Sie sind die Boten der Hoffnung,
die Zeugen der neuen Erde.

GOTTES HOHEITSZEICHEN

Herr, es ist Zeit,
daß du dein Antlitz erhebest
über der Erde!
Sieh, es verfällt das Angesicht Kains,
und seine Gebärde verstellt sich.
Nicht mit deinen Augen, Herr,
sieht der Mensch seinen Bruder;
er sieht ihn mit hartem Blick
und mit bösem, verstocktem Herzen.
Wo ist dein Ebenbild, Herr,
dein Hoheitszeichen,
das du errichtet,
auf daß es in deiner Schöpfung
von deiner Gerechtigkeit zeuge?
Herr, es ist Zeit!

Dank sei dir, Herr:
Du hast dein Antlitz erhoben
über der Erde.
Als der Gerechte starb,
als Kain seine Tat vollendet,
da blicktest du nicht herab
mit den Augen des Feindes:
Mit Vateraugen
schautest du auf die Welt.
Als das Maß der Bosheit erfüllt war,
da erscholl sein königlich Wort:
Es ist vollbracht.
Dein Hoheitszeichen ward neu errichtet.
Ewiglich wird es zeugen
von deiner Gerechtigkeit.
Dank sei dir, Herr!

DER ERBARMER

Die Väter haben gesündigt,
die Söhne sie angeklagt.
Das Wort ward beiden verkündigt,
die Botschaft beiden gesagt.

Vorbei ist das große Morden,
das gestern zum Himmel schrie.
Die Söhne sind Väter geworden,
und schuldig wurden auch sie.

Noch bluten die gleichen Wunden,
noch quälet die gleiche Pein:
Wo wird der Erbarmer gefunden,
der da nahet mit Öl und mit Wein?

Der die Herzen der Söhne wandelt,
zu den Söhnen die Väter bekehrt,
der im harten Gericht gehandelt:
Er heilt, was zu Tode versehrt.

DURCHBRUCH

Wir Christen sollten die ersten sein, die aus der Wohlstandsgesellschaft innerlich ausbrechen und die auch äußerlich den Durchbruch zu einem neuen, einfachen Leben wagen. Wir wissen doch, daß die wahren Boten des Evangeliums stets mit leichten Füßen durch die Welt gingen; wir kennen doch das Geheimnis des fröhlichen Fastens; wir wissen doch, daß wir durch Sorge um Besitz und Wohlstand unseres Lebens Länge (und Qualität) keine Elle zusetzen können. Wir sind als Versöhnte doch frei von dem quälenden Zwang, unsere Zukunft auf tausend Weisen sichern und absichern zu müssen!

Wir müssen neu verstehen lernen, daß Nachfolge Jesu auch ein neues Verhältnis zum Besitz nach sich zieht. Wie sollen sie uns glauben, daß wir auf eine erlöste Welt warten, wenn wir uns nicht durch den Herrn dieser neuen Welt von den Zwängen der alten Welt – das heißt aber auch von den Zwängen der Konsumgesellschaft – befreien lassen? Müssen wir nicht alle bei Jesus wieder in die Grundschule gehen, um das Evangelium neu buchstabieren zu lernen?

IST ER UNTER UNS?

Wir sind wieder einmal unter uns,
wir Christen.
Es ist solch gutes Gefühl,
unter sich zu sein.
Man kennt den Standpunkt der Brüder:
man bestärkt sich gegenseitig;
man fühlt sich verbunden
durch gemeinsame Tradition:
man erlebt die Nestwärme
einer vertrauten Familie.
Man kann ganz anders reden,
wenn man unter sich ist,
wenn kein Unberufener,
kein Uneingeweihter
dazwischenredet,
der unsre Sprache in Frage stellt.
Draußen brandet die Welt:
Sie befremdet uns,
doch sie regt uns nicht auf.
Sie brandet an uns vorbei. –
Ja, wir sind wieder einmal unter uns.

Doch – die Mühseligen und Beladenen:
Sind sie auch unter uns?
Er ist ja da, wo sie sind!
Und wenn Er nicht unter uns ist,
was hilft es uns dann,
wenn wir es sind?
Sollten wir nicht
einzig da unter uns sein,
wo Er unter uns ist?

Gottesdienst

...alles Reden von Gott bedarf der Deutung
durch Zeichen und Tat.

LITURGIE DES LEBENS

Wir weisen unsere jungen Pfarrer nachdrücklich an, den Gottesdienst in der rechten liturgischen Haltung zu vollziehen: Würdiges Schreiten, kein hastiges Hin- und Herlaufen, gemessene Bewegungen. Auch die Gemeinde soll zu rechtem liturgischen Verhalten angeleitet werden – die Würde der Sache erfordert ja eine angemessene leibliche Ausdrucksweise!

Was viele nicht wissen: Jesus selbst hat sich zu der Frage rechten liturgischen Schreitens im Gottesdienst geäußert. Er hat Grundlegendes dazu festgestellt. Er sagt in der Bergpredigt, ein Mensch, der beim Schreiten zum Opferaltar daran denke, daß sein Bruder etwas gegen ihn habe, solle seine Gabe an Ort und Stelle liegen lassen, kehrt machen, aus dem Tempel laufen und sich mit seinem Bruder versöhnen. Danach solle er zurückkehren und seine Gabe zum Altar bringen.

Was will Jesus? Er will, daß in dem Gottesdienst seiner Jünger der liturgische Lauf aus dem Tempel in die profane Welt geübt werde. Er will, daß die Jünger ihre Brüder draußen in die Liturgie einbeziehen und daß sie mit der Frucht der draußen geschehenen Versöhnung zum Altar zurückkehren und Gott dort ihre Dankesgabe opfern – um noch besser für den nächsten liturgischen Lauf gerüstet zu sein.

Ob wir nicht eine liturgische Reform im Sinne dieser Anweisung Jesu brauchen – eine Reform, die bis an die Wurzeln geht? Ob dieser liturgische Lauf aus dem Tempel in die Welt und die Wiederkehr in die Gemeinschaft der Jünger nicht die einzige Weise rechten Schreitens in der Nachfolge Jesu ist?

ERHEBET EURE HERZEN

Gott allein sind wir zugewandt,
wenn wir beten, singen und loben.
Wir erheben die Herzen freudig zu ihm
und blicken sehnend nach oben.

Und während wir gläubig gen Himmel schaun,
wird der Blick uns frei für die Erde.
Wir erkennen der Menschen Elend und Not,
wir sehen die darbende Herde.

Und wie sich Gott uns geoffenbart,
tritt der Mensch nun in unser Leben.
Wir können mit Freude und Zuversicht
unsre Herzen zum Menschen erheben!

WUNDERBARE SPEISUNG

Fünftausend wurden gesättigt,
und es wurden Brocken gesammelt,
zwölf Körbe voll,
die übrig geblieben.
Und alles kam
aus der Hand eines Knaben,
der hatte nichts
als fünf Gerstenbrote,
dazu zwei Fische. –

Was ist der Prediger mehr
denn jener geringe Knabe?
Er hat sein Fündlein:
Fünf Bücher, die er verstand,
zwei Lehren, die er begriffen –
doch was ist das unter so viele?
Reicht es doch kaum,
den eigenen Hunger zu stillen!
Schlecht wär er beraten,
wollt er um zweihundert Groschen
den Vorrat mehren,
den er sich eingebracht,
vermeinend, dann sei es genug
für die Vielen.
Seine Hoffnung steht darin allein,
daß er Jesu zureicht,
was er an Gerstenbroten
und was er an Fischen besitzt.

Hast du es nicht erlebt,
wie ein stammelnder Jünger
Brot zugereicht,
karg und bemessen –
und wie der Herr
es ihm aus der Hand genommen,

wie er es gebrochen, gesegnet
und dich und die Menge
damit gesättigt?
Drängte dich nicht dein Herz,
inmitten seiner Gemeinde
ihn, den Herrlichen,
dafür zu loben?
Drängte dich nicht dein Herz,
Körbe zu richten
und Brocken zu sammeln,
auf daß nichts umkäme,
und daß alle Hungrigen
Speise nähmen
aus seiner Hand?

TROTZDEM EIN WUNDER

Die Predigtlesung handelte vom Wein,
in den der Herr einst Wasser umgewandelt.
Ich horchte auf; es konnt nicht anders sein:
Hier hatte Gott in Vollmacht selbst gehandelt!

Wenn es solch wunderbare Wandlung gab,
dann war noch Hoffnung für mein fades Leben;
dann kam die Gnade jetzt auf mich herab –
ich konnte nehmen, konnte weitergeben!

Der Prediger, beredsam, aufgeklärt –
er klärte auf – das Wort ward blaß und blasser:
zuletzt hatt' er das Wunder umgekehrt,
den Wein verwandelt in gewöhnlich Wasser.

Zum Glück fand sich ein Rest in einem Krug –
er war dem klugen Mann gewiß entgangen:
Ich trank und labte mich. Es war genug.
Was hätt' ich ohne Wein wohl angefangen?

UND DER STUMME REDETE

Herr,
ich lese im Evangelium,
daß du einen Teufel austriebst,
der stumm war:
»und als der Teufel ausgetrieben war,
da redete der Stumme«.
Ich verstehe das nicht.
War der Teufel stumm –
oder war es der Mensch?
Weshalb ist zu Anfang kein Unterschied
zwischen dem Dämon und dem Menschen –
als ob sie eins wären –
heißt es doch,
der Teufel sei stumm gewesen –
und nachher »redete der Stumme«?
Ist also doch ein Unterschied?
Oder ist es dein Wort,
das da scheidet?
Aber – es sei, wie es mag:
Warum überhaupt legst du dich an
mit diesem stummen Dämon?
Herr, du hast doch wahrhaft
Feinde genug!
Weshalb läßt du ihn nicht in Ruhe,
diesen stillen und braven Teufel?
Er stört doch niemanden!
Er schreit dir nicht nach,
lästert nicht deinen Namen!
Laß den Stummen doch in seiner Ecke!
Hält er nur Ruhe, dann ist es doch gut!
Siehe, Herr,
es sind so viele lärmende Teufel,
so viele böse Geister, die toben,
die ihre Wut hinausschreien in die Welt –
unsinnige Terroristen,

böse Verbrecher,
freche Verleumder,
Brandstifter, Gewalttäter,
Räuber und Mörder!
Treib doch diese Teufel aus!
Dann werden wir Frieden haben
auf dieser geplagten Erde!
Der stumme Teufel?
Er ist doch harmlos, Herr!
Vergeude doch nicht deine Kraft...

Und plötzlich steht mir die Szene
wieder vor Augen:
Heute morgen um neun –
drei alte Männer –
sie sitzen vor der Post
auf einer Bank in der Sonne.
Ich stehe drei Meter von ihnen entfernt
und öffne einen Brief.
Und ich höre, wie einer sagt:
»Alt werden – das ist die Hölle.
Man sollte alles, was alt wird,
gleich totschlagen;
dann wär' das Problem gelöst!« –
Ich höre es deutlich,
obwohl ich so tue,
als sei ich ins Lesen vertieft.
Einer der Männer sieht zu mir auf.
Und ich sehe weg.
Ich bleibe stumm,
gehe stumm meines Wegs.
Ich tue des Tages Pflicht,
denke meine Gedanken,
tue wissend kein Leid...

O Herr, Herr!
Wenn es wahr ist,
daß du scheidest
zwischen dem Menschen
und dem stummen Teufel –
dann ist noch Hoffnung für mich!
Schone ihn nicht,
stelle ihn bloß,
treibe ihn aus!
daß der Stumme rede,
daß er antworte
deinem Wort
und dem Wort
deiner fragenden Brüder!

ZEIT ZUM VERSCHWENDEN

Als Maria das köstliche Nardenöl nahm,
die Füße Jesu zu salben,
da ward das Haus voller Balsamduft,
und sie spürten es allenthalben.

Und als sie ihr Haar vom Bande gelöst,
seine Füße darein zu hüllen,
Da mußt ihrer Demut und Liebe Duft
auch der Herzen Kammern erfüllen.

Doch ein zürnender Jünger ergriff das Wort –
er konnte den Duft nicht ertragen:
Verschwendung sei es und Ärgernis –
nach den Armen müsse man fragen!

Nur der, der stets nach den Armen gefragt –
er weiß, es ist Zeit zum Verschwenden.
Er, der sich selber verschwendet und schenkt,
nimmt das Opfer aus ihren Händen.

Und was die ahnende Jüngerin tat,
von bewegtem Herzen getrieben –
der verschwendeten Narde süßer Duft:
Er beweg unsre Herzen zum Lieben!

RUF UND SENDUNG

Du, Herr, rufst sie alle zu dir:
Die Schuldigen,
die Mühseligen und Beladenen,
die an Hecken und Zäunen stehen,
die keinen Weg mehr wissen,
die am Ende sind.
Du rufst sie zu dir,
heißt sie kommen
mit ihren Nöten und Ängsten,
sich bei dir zu bergen.

Und wenn sie Geborgenheit
und Gemeinschaft erfahren,
dann sagst du:
Gehet hin in die Welt!
Du sendest sie dahin,
wo keine Gemeinschaft ist,
keine liebende Annahme,
keine Geborgenheit.

Doch du schickst sie nicht
von dir weg.
Du ziehst mit ihnen,
so wie Gott mit Israel zog:
Des Tages in der Wolke,
des Nachts in der Feuersäule.
Ehe sie eine Stadt
oder ein Haus betreten,
bist du da.
Deine Gemeinschaft,
deine bergende Liebe
geht mit dir.

Du bist der Sendende
und bleibst doch der Gesandte.
In deiner Sendung
ist deiner Jünger Sendung beschlossen.
Dank sei dir, Herr,
daß du bei uns bist
alle Tage,
daß du bei uns bist
bis ans Ende der Welt!
Dank sei dir,
daß du uns berufen hast,
bei dir zu leben
und dir zu dienen
in der neuen Welt,
die du uns verheißen!

ÖLKRISE

Wenn der Welt nun das Öl ausgeht – wird es auch der Kirche ausgehen? Bestehen etwa kommunizierende Röhren zwischen dem Ölvorrat der Welt und dem Öl der Gemeinde Jesu?

Wehe der Kirche – und wehe auch der Welt, wenn es so wäre! Wohin sollten die Menschen gehen, wenn ihre fossilen Quellen versiegen, wenn es in ihren Kammern dunkel und kalt wird – wenn auch im Hause Gottes das Licht verlöschen sollte? Kommunizierende Röhren? Herr, erbarme dich!

Doch Gott sei Dank, daß die Christenheit nicht von fossilem Öl lebt.
Gott sei Dank, daß sie in ihrem Eigentlichen vom Öl des Geistes lebt
und daß Gottes Vorrat unerschöpflich ist.
Gott sei Dank, daß er für die Welt kommunizierende Röhren geschaffen hat,
daß sein Öl nicht aufhören wird, für Menschen zu fließen –
bis zum Ende der Zeiten!

ZUNGENREDE UND DEUTUNG

Alles Reden von Gott
ist Stammeln und Zungenrede:
Es bedarf der Deutung
durch Zeichen und Tat.
Und nirgends geschieht solche Deutung
als in der Nachfolge Jesu
und im Gehorsam des Glaubens.
Der Jünger redet –
und deutend erfährt er
die Kraft und die Herrlichkeit;
er erfährt, wie das Wort
durch Jesu Leben
und durch seine Erhöhung
genugsam vorgedeutet,
und wie diese göttliche Deutung
Kraft hat,
sein eigenes Reden und Deuten
zu tragen.
Er erfährt,
wie der Herr mit ihm wirkt
und wie er sein Wort bekräftigt
durch mitfolgende Zeichen.

DES GEISTES ZEUGNIS

Wir glauben wider den Augenschein;
wir glauben nicht, weil wir sehen:
Das innere Zeugnis des Geistes ist's,
das uns den Kampf läßt bestehen.

Die Augen, sie sehen Bosheit und Trug,
sehn Zufall und blindes Verderben.
Der Geist wirket Zeugnis unserem Geist,
daß wir Gottes Kinder und Erben.

Wir wissen nicht, was wir beten solln,
wie sichs vor dem Heilgen gebühret.
Der Geist, er hilft unsrer Schwachheit auf;
wir haben sein Seufzen verspüret.

Und wenn unsre Herzen matt und leer,
wenn wir an uns selber verzagen:
Wir halten uns an der Hand, die uns hält,
lernen kindlich das Abba sagen.

LOB AUS DER TIEFE

Um Mitternacht ertönt
der Jünger Lobgesang;
aus dunkler Kerkergruft
erschallet Freudenklang.

Sie loben ihren Herrn
dafür, was sie empfahn,
was sie in Jüngersinn
durch seine Kraft getan.

Und sieh – der Grund erbebt,
auf dem das Haus erbaut,
die Türen öffnen sich,
noch eh' der Tag gegraut.

Gott hat das Lob erhört,
bricht seinen Boten Bahn,
und vieler Menschen Herz
wird ihnen aufgetan.

Das Lob zur Mitternacht,
das aus der Tiefe dringt,
bewegt den Grund der Welt,
weil es zum Schöpfer dringt.

DER JÜNGSTE TAG

Gott bringt unser Leben
an den Tag.
Das ist gut so.
Was sollte uns ein Leben,
das ewig der Nacht
oder dem Zwielicht
verhaftet wäre?
Es ist ja nicht irgend ein Tag
zwischen Morgen und Abend,
nicht ein menschlicher Tag,
der nach Menschenweise
enthüllt und richtet,
abrechnet und vergilt.
Es ist der Tag des Herrn,
der jüngste Tag,
Gottes
und so auch des Menschen
wahrer Tag.
Und weil wir
den Herrn des Tages kennen,
dürfen wir mit den Vätern sagen:
»der liebe jüngste Tag« –
dürfen mit der ersten Gemeinde rufen:
Maran ata – Komme, Herr!

Einkehr

...alles verantwortliche Tun
hat seinen Ursprung in der
Stille vor Gott.

GEFÜLLTE STILLE

Es gibt eine böse Stille.
Sie ist abweisend und eisig,
geladen mit Drohung und Angst.
Es gibt eine Stille,
die ist nichts als gähnende Leere.
Sie ist steril,
dem Leben feind –
wie die Wüste.

Und es gibt eine gute Stille,
die den Menschen birgt,
gefüllte Stille,
die schon Erfüllung sein kann:
»Ich habe meine Seele gestillt
wie ein entwöhntes Kind
bei seiner Mutter.« –
»Es ward eine Stille im Himmel
bei einer halben Stunde.«

Alles vollmächtige Reden
und alles verantwortliche Tun
hat seinen Ursprung
in solcher Stille,
in der Stille vor Gott.

GEBET WIDER DEN GEIST DER ZEIT

In dieser klugen Zeit,
Herr, laß uns nicht verdummen:
Vor leerem Menschenwort
laß dein Wort nicht verstummen!

In dieser satten Zeit
laß uns nicht Hungers sterben:
Speis uns mit deinem Brot,
daß wir nicht gar verderben!

In dieser kalten Zeit
laß unsre Herzen brennen:
Laß in der Liebe stehn,
die deinen Namen nennen!

In dieser müden Zeit
gib Kraft zu neuem Werke:
Wo unser Herz verzagt,
sei du, Herr, unsre Stärke!

OFFENBARUNG DES SOHNES

Wer saget ihr, daß ich sei:
ein Lehrer, ein Wundertäter?
Ein Prediger, ein Prophet,
wie sie wirkten zur Zeit der Väter?

Wer saget ihr, daß ich sei?
Ihr werdet es nie ergründen,
es sei denn, der Vater selbst
wird es euren Herzen verkünden.

Denn niemand erkennt den Sohn,
wird je seine Wahrheit erfahren
als der, dem des Vaters Wort
es im Herzen wird offenbaren.

ANTWORT AN PILATUS

Was ist Wahrheit?
So fragte Pilatus seinen Gefangenen
Jesus von Nazareth.
Jesus hat ihm nicht geantwortet.
Wirklich: Ich wäre an Jesu Stelle
nicht stumm geblieben!
Das Urteil stand ja ohnehin fest.
Ich hätte es ihm knallhart gesagt,
diesem skrupellosen Machtmenschen,
was Wahrheit ist:
Zwei mal zwei ist vier,
hätte ich gesagt,
das ist die Grundregel, Pilatus!
Zum Beispiel bei der Abrechnung
über die neue Wasserleitung,
die du für die Stadt gebaut hast,
und bei deinen Manipulationen
mit dem Tempelschatz!
Und wie war es mit den Galiläern,
die du im Tempel niedermachen ließest?
Wo ist der Gerichtsbeschluß,
der sie zum Tode verurteilte?
Und was hast du, römischer Wolf,
mit dem Fuchs Herodes gemein?
Was heckt ihr zusammen aus?
Das und anderes hätte ich ihm gesagt,
diesem korrupten Blutmenschen...

Und Jesus?
Er schwieg.
Sein Schweigen war mehr als Worte.
Es war der Raum,
in dem die Antwort stand.
Er selbst war die Antwort.

REALPRÄSENZ

Brannte nicht unser Herz,
als du das Brot uns brachst,
als du mit Brudersinn
zu uns als Brüdern sprachst?

Nicht erst, als wir erkannt,
daß du der Herr und Christ,
daß du nach Kreuzespein
vom Tod erstanden bist –

nicht erst, als unser Sinn
der Worte Sinn verstand,
nicht erst, als wir's gewußt,
hat uns das Herz gebrannt:

Doch, daß du bei uns bliebst,
Herr, als es Abend ward –
das hat dein liebend Herz
uns ganz geoffenbart.

DEN TREIBERN ENTRONNEN

Du gehst voran, Herr.
Deine Jünger folgen dir nach.
Wir danken dir dafür,
daß du kein Treiber bist.
Du willst nicht
das Letzte aus uns herausholen,
was in uns steckt.
Du willst uns nicht einsetzen,
nicht verwenden,
nicht als Mittel benutzen,
einen Zweck zu erreichen.

Du gehst vor uns her,
brichst uns die Bahn,
öffnest die Türen.
Du gibst immer mehr,
als du forderst.
Und ehe du forderst,
hast du uns längst
zwiefach gegeben.
Wer dir nachfolgt,
der ist den Treibern entronnen.

Es ist gut,
dein Jünger zu sein, Jesus!

FRAGE NACH DEM SINN

Du fragst nach dem Sinn des Lebens,
nach Ursprung, Mitte und Ziel:
So mancher fragte vergebens,
weil er fragend sich selbst gefiel.

Nur denen wird Sinn sich erschließen,
die dem Eigen-Sinn ganz entsagt,
die den Spiegel des Ich verließen,
die nach Gottes Willen gefragt.

VORSPIEL UND PROBE

In deinen Gedanken
ist heimliche Sprache:
Zwiesprache,
ständiger stummer
Zuspruch und Widerspruch.

Ob es dir offenbar
oder ob es dir selbst verborgen:
Entweder du redest mit Gott,
oder du sprichst mit den Dämonen.

Wisse – solch schweigend Gespräch
ist nichts als Vorspiel und Probe
für das Gespräch mit dem Nächsten.

Und da er gleicher Natur wie du,
wird in Rede und Widerrede,
wird in Leiden und Tun
alsobald offenbar,
was heimlich schon vorbedacht –
und wer die Regie geführt.

VATER UNSER

Vater – unser Vater! Daß wir dich in Jesu Gebet so nennen dürfen, das ist doch das Schönste von allem. Alles, was wir zu sagen haben, hat ja nun Sinn.

Wir schauen zu dir auf, wir schauen in dein liebendes Herz. Und während wir emporschauen, bitten wir mit Jüngersinn, daß dein Name geheiligt werde und daß dein Reich komme. Wir bitten, daß dein Wille auf Erden geschehe, so wie er im Himmel geschieht.

Und damit hast du unseren Blick schon zur Erde gewandt. Wir merken, daß wir nicht von dir wegsehen müssen, wenn wir auf unsere eigene Not und auf die Not unserer Mitmenschen schauen. So bitten wir dich um das Brot für heute – um unser aller Brot. Und wir bitten dich um Vergebung. Wir brauchen sie ja, um von ihr abzugeben – um auch unserem Nächsten vergeben zu können. Weil der Himmel über Jesus offen ist, werden wir bei diesem Geben nicht zuschanden.

Und der Himmel bleibt ja auch offen, wenn wir nach unten schauen, wenn wir angesichts des Abgrundes beten. Wir sehen die Versuchung, und wir erschrecken vor allem Bösen – doch wir bitten dich mit einfältigem Sinn, daß du uns nicht in Versuchung fallen lassest und daß du uns von dem Bösen erlösest. So brauchen wir auch den Blick nicht von dir zu wenden, wenn wir nach unten schauen. Du bist da, Vater, gerade wo die Bosheit ihr letztes Wort gesprochen zu haben scheint. Wo der Böse sagte: Es ist aus! da sagte Jesus: Es ist vollbracht. Gepriesen seist du, Vater Jesu, unser lieber Vater!

Dein ist das Reich und die Kraft und die Herrlichkeit in Ewigkeit. Amen.

BITTE UM GOTTES LICHT UND KRAFT

Wenn unsre Augen nicht gehalten wären,
wir sähen Engelmächte,
und Feuersäulen leuchteten
durch unsre Nächte.

Wenn unsre Herzen nicht gehalten wären,
wir sängen Lobgesänge,
daß von der Erde Enden her
der Schall erklänge.

Wenn unsre Hände nicht gehalten wären,
wir täten Jüngertaten;
wir brächten unsre Garben ein
nach Tränensaaten.

Wenn wir nur Glauben wie ein Senfkorn hätten,
wir würden überwinden.
Im Lichte Gottes würden wir
uns selber finden.

GEBET

Könnt ich vor dir bestehn,
wenn du, Herr aller Zeit,
mich nicht von Ewigkeit
erbarmend angesehn?

Könnt ich des Tages Fron
bestehn, der Nächte Not,
fänd ich nicht selbst im Tod
Versöhnung durch den Sohn?

Du, ewger Vater, weißt,
daß ich dein Eigen bin:
Was meines Geistes Sinn,
erforscht dein Heilger Geist.

Herr, halte meine Hand!
Kein Leid mich von dir trenn,
bis ich dich einst erkenn,
wie ich von dir erkannt!

GEBORGEN BEI GOTT

Was immer auch gescheh,
es muß an Gott vorbei:
so berg ich mich bei ihm,
von Zwang und Ängsten frei.

Was immer auch gescheh,
es steht in Gottes Rat:
kein Unglück, keine Not
trennt mich von seiner Gnad.

Was immer auch gescheh,
es treibt mich an sein Herz:
der Weg durchs finstre Tal –
er führt ja heimatwärts.

LÖSUNG UND ERLÖSUNG

Du klammerst dich an Dinge, die du hast,
hältst angstvoll fest und glaubst, du wirst gehalten:
Die Dinge haben dich – du schleppst die Last;
du meinst, du herrschst – und fronest den Gewalten!

Laß los, o Mensch, laß los, bevor der Tod
dir schließlich aufbricht die verkrampften Hände!
Gib dem Erlöser Raum, lös fremde Not!
Erlöstes bleibt. Das Machwerk geht zu Ende.

GOTT DENKT WEITER

Weshalb legst du dich fest
auf das, was du bist,
legst andere fest
auf das, was sie heute sind
oder was sie zu sein glauben?
Wenn der Mensch ein Gedanke Gottes ist:
Weshalb läßt du Gott nicht
zu Ende denken?
Weshalb fällst du ihm in die Rede,
läßt ihn nicht aussprechen?
Selbst beim Menschen, der am Ende ist,
ist Gott nicht am Ende.
Wie sollte der am Ende sein,
der die Ewigkeit denkt?
Sollte er nicht über unser Versagen,
selbst über unseren Tod
hinausdenken können?
Was anders bedeutet denn
Auferstehung?
Gott sei gelobt,
daß seine Zeit
Ewigkeit heißt!

GOTT KOMMT ZUM ZIEL

Was sollte uns von deiner Liebe scheiden?
Trübsal, Verfolgung, Ängste oder Tod?
Nicht Menschenmacht, nicht Fährlichkeit, nicht Leiden
trennt uns von dir, nicht bittre, letzte Not.

Auch unsres eignen Herzens banges Zagen
setzt keine Grenzen deiner Gnadenmacht:
Du, Herr, hast unsre Schwachheit selbst getragen –
dein Licht erstirbt ja nicht in unsrer Nacht.

Selbst, wenn uns unsre Blindheit von dir triebe,
wenn uns betört des eignen Herzens Trug:
Größer als unser Herz ist deine Liebe!
Du kommst mit uns zum Ziel. Das ist genug.

EINKEHR UND ENTÄUSSERUNG

Wer niemals letzte Einsamkeit erfuhr,
nie wahrhaft bei sich selber war,
der kann auch nicht bei andern sein:
Stets außer sich, verfällt er fremder Spur.

Nur der, der bei sich selber eingekehrt,
der allem fremden Weg entsagt,
kann eingehn in des Bruders Haus,
der sich im Hader mit sich selbst verzehrt.

Ist einer, der in Wahrheit sagt: ICH BIN,
der bei sich selber war und ist,
der sich entäußert, der sich gab,
der spricht: Geh in dich, Mensch, und gib dich hin!

Kommst du zu ihm, so kommst du auch zu dir,
erkennst dich, wie er dich erkannt,
findst selber dich in seinem Bild,
begegnest deinem Bruder jetzt und hier.

Geleitwort

Der Verfasser dieses Bandes, Pastor Dr. Lindolfo Weingärtner, ist Pfarrer unserer Evangelischen Kirche Lutherischen Bekenntnisses in Brasilien. Sein Buch möchte Freunden in Europa, Brasilien und darüber hinaus Gedichte und Betrachtungen überbringen und Menschen in Anfechtung die Hoffnung bezeugen, die in Jesus Christus gegeben ist.

Der Zweite Weltkrieg hat auch für Lindolfo Weingärtner Weichen gestellt. Die Kriegswirren hinderten ihn daran, das Studium der Theologie, wie es in der früheren Auswandererkirche üblich war, an einer deutschen theologischen Fakultät aufzunehmen. Er mußte den Beginn seines Studiums hinausschieben und nach Besuch des Kirchlichen Gymnasiums und nach einem Schnellkurs für einige Jahre Vertretungsdienste in Gemeinden leisten, deren Pfarrer an der Ausübung ihres Amtes verhindert waren.

Die Erfahrungen, die dieser Krieg unserer Kirche mit dem Verbot der deutschen Sprache in Verkündigung und Seelsorge mit sich brachte, veranlaßten ihn, sich intensiv an der Übersetzung des Gesangbuches und an der Erarbeitung einer Agende in der Landessprache zu beteiligen.

Der Synkretismus, der besonders mit der Aktion der Afro-Kulte in der brasilianischen Gesellschaft gegeben ist, führte Pastor Weingärtner dazu, »Umbanda« zum Thema seiner Promotionsarbeit zu wählen. Seine Dissertation erschien unter diesem Titel als Erlanger Taschenbuch Nr. 8 im Verlag der Ev.-Luth. Mission. Seine Beteiligung an der kirchlichen Publizistik in Brasilien findet einen weiteren dankbaren Leserkreis über die Gemeindegrenzen unserer Kirche hinaus.

»Netz der Hoffnung« spricht von der Hoffnung, die für Bruder Weingärtner lebensausrichtend ist. Das Wort von der Hoffnung auf den Sohn des lebendigen Gottes, der in die Welt gekommen ist, uns zu versöhnen, durchzieht sein Leben und sein Wirken, sei es als Gemeindepfarrer, sei es als Dozent im Dienst an Studenten oder als Christ im Dienst der Seelsorge. Hoffnung auf die tätige Liebe Gottes, die sich in Jesus Christus offenbart und in der Kraft des Heiligen Geistes wirksam wird, ist die Triebfeder, die Bruder Weingärtner immer wieder zu Menschen in Not und Bedrängnis führt, ihn für sie da sein und ihnen die Hoffnung, die mit der Barmherzigkeit Gottes gegeben ist, bezeugen läßt.

Gedichte und Betrachtungen, die in diesem Band gesammelt sind, sprechen von der Lebenserfahrung, die der Verfasser gesammelt hat. Das Leben legte ihm schwere Prüfungen auf. Seine Gesundheit war oft von einem verworrenen Netz gefangen. Er hat Grenzsituationen zwischen Leben und Tod erfahren. Erlittene und durchlittene Bedrängnis spricht aus seinen Gedichten, die von der Dankbarkeit gegen Gott sagen und von der Hoffnung, daß Gottes Wille geschehe, Zeugnis ablegen.
»Netz der Hoffnung« wird seinen Weg zu Menschen in Deutschland finden und über den Ozean zu uns nach Brasilien kommen. Möge es ein Netz der Verbindung zwischen Menschen hier und drüben sein und Menschen in Not und Bedrängnis den Strahl der Hoffnung schenken, um die wir beten:

»In dieser schweren Zeit
gib Kraft zum neuen Werke:
Wo unser Herz versagt,
sei du, Herr, unsere Stärke!«

Porto Alegre, den 1. Februar 1980

Augusto Ernesto Kunert
Kirchenpräsident

Der Verlag dankt für die Förderung dieses Buches durch das Kirchliche Außenamt der EKiD und das Brasilienwerk des Martin-Luther-Vereins.

Einer soll heute dein Nächster sein

Lindolfo Weingärtner hat in den Erlanger Taschenbüchern mit Band 78 eine weitere Sammlung von Gedichten und Meditationen vorgelegt, die in fünf Kapiteln unter anderem folgende Themen behandelt:

Wie nahe muß ein Mensch mir kommen, daß er mir Nächster werde? – Der hoffnungslose Fall – Wider die Selbstgenügsamkeit – Keine Scheinübung – Apartheid der Herzen – Einer soll heute dein Nächster sein – Zwischenfall im Schnellzug (Der anatolische Apfel!) – Im Graben der Ariranhas – Primzahl Gottes – Gott liebt die ›Dritte Welt‹ – Er erbarmte sich des Volkes

Wahrheit als Wandlung – Überlasse mir deine Bilanz – Anrufung des Heiligen Geistes – Identität beweisen? – Durchbruch durch die Wolkenschichten – Falsches und wahres Amen – Liturgie des Lebens – Der entscheidende Dialog – Dein Leben sei ein Lied, das Gottes Güte preise – Gotteslob wandert um die Erde

Es war, als ob Gott gelächelt hätte – Eine stachlige Raupe – Das ausgerissene Bäumchen – Verjährtes Beichtgeheimnis – Im toten Winkel – Gefährdetes Stammkapital – Erdkrume und Maiskorn – Zwei Stahlkugeln – Unsere liebe Last

Wir haben unseren Standpunkt – Arbeit für die Firma – Das große Los

Es gibt Worte wie ein Stück Brot – Karina hatte ein kleines Kaninchen – Brotwunder – Wohin mit meinen Zweifeln? Schmerzhafte Begegnung mit einem Streichholz – Ein Bild tröstet – Wie der Geist ein Buch liest

»Es gibt Worte, die sind wie ein Stück Brot,
das ein gütiger Mensch mit dir teilt.
Du nimmst es aus seiner Hand, dankst ihm und ißt,
du gibst davon weiter und wirst staunend gewahr,
daß das Brot sich mehrte in deinen Händen.
Solcher Art ist jedes Wort, das Gott spricht.
Alles wahre Menschenwort nährt sich
von solchem Brotwort Gottes.«

Zum Lesen, Vorlesen, Verschenken, Bedenken – und zum Lächeln:
Einer soll heute dein Nächster sein

BRASILIEN – KONTINENT IM UMBRUCH

Arteno Spellmeier: Sprich mit den Sprachlosen ein Wort
Schicksale am Amazonas

Episoden persönlicher Erfahrungen im Wanderungsbereich Amazonien verbindet Spellmeier mit Information und Besinnung, Gebet. Der Bogen schlägt sich von dem ›Mädchen von Manaus‹ zu ›Angst in Salto da Alegria‹, von der ›Odysee einer Siedlerfamilie‹ bis zur ›Regenbogenfazenda‹ – Betroffenheit wird in Worte gefaßt, die Sprachlosen lernen reden.

Erlanger Taschenbücher, Band 71, 120 Seiten, 8 Fotos, 2 Karten

Lydia Betz: Monica – Mütter und Kinder von Ceilândia
Blickpunkt Brasilien

Die Bauarbeiter, die Brasilia aus dem Boden stampften, wurden nach Einweihung der Metropole in Satellitenstädte verfrachtet, die teilweise als Favelas begannen und Jahrzehnte brauchen, um den Charakter einer Stadt zu gewinnen. 30 km von Brasilia entfernt liegt Ceilândia, eine dieser Trabantenstädte; und weil viele Männer inzwischen anderswo Arbeit und Auskommen suchten, ist die Halbmillionenstadt Ceilândia vor allem Herberge für Frauen und Kinder, unvollständige Familien. Im ›Cantinho do Girassol‹ versucht die Kirche, Hunderten von Kindern ein Stück ›Zuhause‹ zu geben ...

Erlanger Taschenbücher, Band 86, 140 Text-, 8 Fotoseiten, 1 Karte

Carlos Mesters: Der Fall Rut
Brot – Familie – Land: Biblische Gespräche aus Brasilien

Die Verknüpfung der Probleme aus der Richterzeit Israels und aus dem Jahrhundert nach der Heimkehr von der babylonischen Gefangenschaft mit den aktuellen Problemen und Nöten Land- und Recht-suchender Brasilianer ist dem Karmeliter bei seinen Gesprächen mit Basisgemeinden gut gelungen. Was sagt uns das alles für unsern Weg heute? Die Frage bleibt dem Leser und drängt ihn, die Bibel im Licht seiner eigenen Erfahrungen und Nöte neu zu lesen.

Erlanger Taschenbücher, Band 87; 8 Illustrationen, 88 Seiten

BETEN IN UNSERER ZEIT – IMPULSE AUS INDIEN

Ähnlich wie der vorliegende Band »Netz der Hoffnung« verbinden vier Taschenbücher, von indischen Christen geschrieben, Gebet und Meditation, Kontemplation und Kampf.
In einem Schuber *»Beten in unserer Zeit«* sind sie vereinigt, vier unterschiedliche Bände von drei indischen Theologen. Da ist Dr. M. J. Joseph aus der alten Kirche der Thomas-Christen:

Reisen

Herr, gern würde ich weite Reisen unternehmen.
Ich möchte Menschen kennenlernen und ihre Länder.
Ich möchte wortlos mit der Fülle deiner Schöpfung reden.
Ich möchte dich finden in der
Eigenen Kultur jedes einzelnen Volkes.

Gib mir Augen, die deine Herrlichkeit
In jedem Land entdecken.
Mache mich willig,
Meinen Brüdern zu begegnen und zu erfahren,
Wie sie leben,
Wie sie sprechen,
Wie sie dich preisen –
Und wie du sie erlöst.

M. J. Joseph: Geben und empfangen – 62 Gebete,
lebendige Gespräche mit Gott angesichts alltäglicher Bilder und Erfahrungen: Briefmarke, Kopfkissen, Kaffeekanne und der jubilierende Vogel werden zu Gleichnissen und zum Gebet.

Ähnlich aus dem Alltag geboren sind die Gebete von

M. A. Thomas: Fülle mein Herz,

die bereits in 9. Auflage vorliegen und von Arbeit und Entspannung, von Gottesdienst und Menschenliebe reden.

Vom gleichen Autor, dem langjährigen Direktor des Ökumenischen Zentrums in Bangalore, stammt der Band

M. A. Thomas: Weise den Weg

Hier sind es vor allem Gebete, die um die Mission und den Dienst der Christen in der modernen Welt kreisen: in Asien, Europa, in Industriestädten und im namenlosen indischen Dorf. Andere Meditationen kreisen um die Tasse Tee oder das Beispiel eines Blinden, der anderen von seiner Hoffnung austeilt.

Am erfolgreichsten war – mit bislang neun Auflagen und neun Übersetzungen – der Band

Johnson Gnanabaranam: Heute, mein Jesus

Aus seinen teilweise biblischen Gebeten stammt das Bekenntnis:
Verraten
wurde mein Jesus nicht nur vor zweitausend Jahren.
Verraten wurde er
nicht nur in Gethsemane.
Verraten wurde er
nicht nur durch den Jünger Judas.
Mein Herr,
viele Male, vorgestern, gestern und heute
wurdest Du verraten.
In meinem Hause
wurdest Du verraten;
ich bin es, der Dich verraten hat.
Ich habe dich verraten nicht durch einen Kuß,
aber ich habe eine Tat des Glaubens versäumt.
Ich habe Dich verraten nicht durch den Gruß
»Gegrüßet seist du, Rabbi«,
sondern ich habe ein freundliches Wort unterlassen,
einen Gruß für den Bruder an meiner Seite.
Herr, laß mich nicht mein Leben wie Judas enden!

Jeder Band 80 Seiten – 4 Bände im Schuber mit dem Gesamttitel
Beten in unserer Zeit

DIE WELT, DIE MIT UNS SPRICHT

Erastus und Magdalena Shamena: Wir Kinder Namibias
Eine Lebensgeschichte

Andreas Ruben Khosa: Deine Hand lag schwer auf mir
Mein Weg zu und mit Christus

Marianne Katoppo: mitleiden – mithandeln
Theologie einer asiatischen Frau (Indonesien)

Won Yong Ji: Meines Bruders Hüter
Hoffnung der Welt – Möglichkeiten des Überlebens, von einem koreanischen Christen beschrieben und gepredigt

Zephanja Kameeta: Gott in schwarzen Gettos
Psalmen und Texte aus Namibia

Werner Ustorf / Wolfram Weiße (Hrsg.): Kirchen in Afrika
Ein Radiokolleg des Deutschlandfunks mit acht engagierten Autoren aus Afrika und Europa

James Mathews / Gladys Thomas: Schrei deinen Zorn hinaus, Kind der Freiheit
Gedichte aus Südafrika, wo der Band »Cry Rage« gebannt wurde

Rolf Italiaander (Hrsg.): Indonesiens verantwortliche Gesellschaft
Beiträge zu Glaube und Gesellschaft von einheimischen und überseeischen Experten

Kasthuri Sreenivasan: Nur eine Hand voll Erde
Ein Roman aus dem Umbruch des indischen Dorfes

Shusako Endo: Schweigen
Der große Roman aus der Zeit der japanischen Christenverfolgung im 17. Jahrhundert

Won Yong Kang: Zwischen Tiger und Schlange
Aufsätze und Predigten des Direktors der Korea Christian Academy Seoul

VERLAG DER EV.-LUTH. MISSION ERLANGEN